Christel Petitcollin

Cuaderno de ejercicios

para organizarse mejor y vivir sin estrés

Ilustraciones de Nathalie Jomard

Terapias **verdes**

Título original
Petit cahier d´exercices pour mieux s'organiser et vivre sans stress
© Éditions Jouvence, 2014
Éditions Jouvence S.A.
Francia: BP 90107 – 74161 Saint-Julien-en-Genevois Cedex
Suiza: CP 89 - 1226 Thônex (Genève)

Primera edición: marzo de 2017

© de esta edición: Ediciones Urano, S.A.U.
Aribau, 142, pral. — 08036 Barcelona

www.terapiasverdes.com

© de la traducción: Quim de Nys

Cubierta: Éditions Jouvence
Compaginación: Stéphanie Roze
Dibujos de cubierta e interior: Nathalie Jomard

Fotocomposición: Ediciones Urano, S.A.U.

Impresión: UNIGRAF, S.L.
Avda. Cámara de la Industria 38 — 28938 Móstoles (Madrid)

Depósito legal: B-2.642-2017

ISBN: 978-84-16972-05-0

Prólogo

Todos soñamos con tener una organización estable y altamente eficaz. La vida sería tan agradable si todo transcurriera sin tropiezos, de manera fluida y regular. Nos imaginamos cada cosa en su lugar, cada papel clasificado y archivado nada más llegar. Una casa limpia y ordenada, pilas de ropa bien alineadas, cuartos de los niños adecentados. A veces, tenemos un arrebato: clasificamos, tiramos, archivamos y limpiamos. Nos prometemos que, a partir de mañana, tendremos una autodisciplina de hierro en todos los ámbitos: salud y nutrición, limpieza, ejercicio físico, papeleo, deberes de los niños, citas con el médico e incluso en nuestro tiempo libre. Lectura y cultura, salidas, invitaciones a los amigos… ¡Todo hallará su justo lugar en nuestra vida cotidiana! No obstante, para la mayoría de nosotros, los intentos de orden, organización y disciplina no suelen durar. Esto socava nuestra autoestima, genera desánimo y empeora la situación. Nos estresamos, nos dispersamos y nos culpabilizamos.

«El estrés de la vida moderna» es una expresión muy usada hoy en día, con la que se pretende designar la causa de todos nuestros males. Todo el mundo habla de una vida «estresante», como si fuera una fatalidad, como si las cosas no pudieran arreglarse. En este sentido, muchas personas que acuden a la consulta del psicólogo por culpa del estrés esperan recibir consejos para aguantar sin rechistar su dosis actual de estrés (técnicas de respiración, de relajación o, peor aún, toma de medicamentos), ¡en lugar de seguir consejos para librarse de él! Antaño, teníamos «picos» de trabajo. Hoy en día, los imperativos de rentabilidad y la lógica de los flujos continuos nos sitúan en un pico permanente. Antaño, las mujeres no trabajaban fuera del hogar y, por lo tanto, no tenían que hacer una doble jornada.

Sin embargo, vivir una vida sosegada y hacer las cosas con calma, en el momento más indicado, es un objetivo perfectamente realizable y es lo que te propongo que aprendas ahora. La finalidad de este cuaderno de ejercicios es que aprendas a gestionar el estrés y a establecer una organización personal de alto nivel, para que puedas desempeñar tus tareas cotidianas con total serenidad y sin que te vuelvas a sentir nunca más desbordado por los acontecimientos.

LECCIÓN 1:
¿Es el estrés una fatalidad?

¡No, si lo conviertes en tu aliado!

¡No cometamos más confusiones!

Cuando hablamos de estrés, lo confundimos a menudo con la ansiedad y el agotamiento. Sin embargo, son tres cosas distintas.

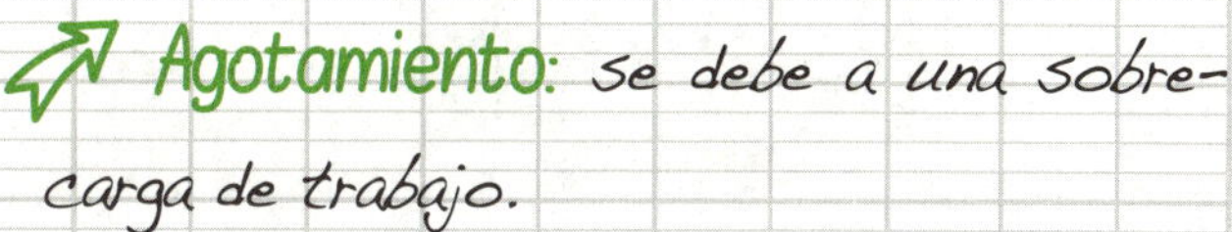

↗ **Agotamiento:** se debe a una sobrecarga de trabajo.

↗ **Ansiedad:** se trata de una sobredosis de emociones negadas o reprimidas.

↗ **Estrés:** es una descarga de adrenalina y de cortisol para responder a una situación de urgencia o de presión.

El estrés es un fenómeno sano y natural. Cuando se canaliza correctamente, se convierte en un motor potente y positivo para pilotar nuestras vidas. ¡Aprende a diferenciar entre el buen y el mal estrés!

LECCIÓN 2: los dos estreses

*Existe un estrés **bueno** y un estrés **malo.***

1. El buen estrés: un ciclo completo

El estrés se manifiesta en todos los casos en los que tenemos que enfrentarnos a una situación peculiar o excepcional, que requiere toda nuestra atención.

Una situación fuera de lo normal

Secreción de adrenalina y de cortisol

Su finalidad es hacer que los recursos de nuestro organismo se vuelvan instantáneamente disponibles: se observa un aumento de nuestra agudeza sensorial, de la rapidez de nuestros reflejos y de la fuerza de nuestros músculos. En pocas palabras, el estrés nos despierta y nos pone en estado de alerta.

Huida o combate

Sea cual sea la naturaleza de la situación anormal a la que debemos enfrentarnos, nuestra forma de reaccionar puede asemejarse a una huida o a un combate.

Éxito y placer

Cuando hemos superado un desafío (ya sea huyendo lo bastante lejos o saliendo victoriosos de un combate), experimentamos una gran satisfacción y un sentimiento de euforia. Volvemos a proyectar la película del combate o revivimos las escenas con placer. Aún saturados de estrés, estamos sobreexcitados y a menudo nos cuesta conciliar el sueño.

Fatiga, necesidad de recuperar

Poco a poco el estrés disminuye y nos empieza a invadir una fatiga sana. Sentimos la necesidad de descansar, de dormir.

Descanso y sueño profundo

Una vez que la fatiga ha obrado su efecto, nos dormimos serenamente y recuperamos toda nuestra energía durante la noche de sueño. Al día siguiente, nos sentiremos frescos, disponibles y dispuestos para nuevos combates.

Si el ciclo ha podido llevarse a cabo, estamos en un proceso de estrés positivo, tan delicioso que incluso puede convertirse en una verdadera droga. Tenemos la sensación de vivir una vida rica y excitante. ¡Así es como algunos

presentadores de telediarios se enganchan al estrés del directo! Todo lo cual significa que puedes ser una madre de familia numerosa o un ejecutivo muy ocupado, desbordado por todo tipo de actividades y problemas pendientes de solución, sin sentirte por ello «estresado» en el sentido en el que se usa habitualmente este término.

**Para activar el buen estrés:
¡fíjate pequeños desafíos lúdicos
y que estén a tu alcance!**

2. El mal estrés

El estrés se vuelve negativo cuando:

↗ **La situación conlleva una presión psíquica**

De tu rendimiento a lo largo del día dependerá que saques o no el título... De tu conversación con el banquero dependerá que te renueve el talonario... Si no sacas notas excelentes, no serás admitido en tal o cual escuela superior... Negocias la vida de un rehén... En estos casos la secreción de adrenalina y de cortisol aumenta y se vuelve demasiado importante con respecto a tus necesidades. Además de la mayor incomodidad que todo esto conlleva, ya no dispones de recursos sincronizados con tus necesidades.

La forma de reaccionar ante la situación es inadecuada

Si el estrés se intensifica demasiado, tendrás pérdidas de memoria, palabras o gestos desafortunados… La forma de reaccionar también corre el riesgo de ser inapropiada en caso de preparación deficiente. Asimismo, a veces nos vemos confrontados a situaciones absurdas e ingobernables, ante las cuales resulta sencillamente imposible reaccionar adecuadamente.

La acción es inhibida por la impotencia adquirida

Cuando todo lo que tratas de hacer no te permite huir ni luchar eficazmente, te encuentras en una situación de desánimo y de pasividad denominada «impotencia adquirida». Es la situación más peligrosa: cuando hacerse el muerto no permite escapar del depredador.

Sin fase de recuperación, el estrés se estanca en el organismo y lo desgasta. La fatiga se acumula. Presentamos entonces síntomas típicos del mal estrés: nerviosismo, migrañas, insomnio, problemas digestivos, dificultades para concentrarse, irritabilidad, inquietud, palpitaciones, dolores de espalda, pérdidas de memoria.

Test: ¿ESTÁS ESTRESADO?*

Dale una nota del 1 (casi siempre) al 10 (nunca) a cada una de las afirmaciones, y suma el total.

.../ 1. Hago una comida caliente y equilibrada al menos una vez al día.

.../ 2. Duermo entre siete y ocho horas por noche al menos dos veces por semana.

.../ 3. Doy y recibo afecto de forma regular.

.../ 4. Tengo, en un radio de 30 km, una persona próxima a la cual puedo acudir en caso de necesidad.

.../ 5. Hago ejercicio físico (lo bastante para transpirar) al menos dos veces por semana.

.../ 6. Fumo menos de medio paquete de cigarrillos al día.

.../ 7. Bebo menos de cinco vasos de alcohol por semana.

.../ 8. Tengo el peso que corresponde a mi estatura.

.../ 9. Mis ingresos cubren mis necesidades básicas.

* Este test ha sido elaborado por Lyle H. Miller y Alma Delk Smith, de la Universidad de Boston.

.../ 10. Cuento con el apoyo de mis convicciones religiosas o morales.

.../ 11. Participo regularmente en las actividades de un club o una asociación.

.../ 12. Tengo una buena red de amigos y de relaciones.

.../ 13. Tengo uno o varios amigos con quienes puedo hablar en confianza.

.../ 14. Gozo de buena salud.

.../ 15. Soy capaz de expresar abiertamente mi enfado o mis preocupaciones.

.../ 16. Hablo regularmente con las personas que conviven conmigo de los problemas domésticos, de los asuntos de dinero...

.../ 17. Hago algo por placer al menos una vez por semana.

.../ 18. Soy capaz de organizar mi tiempo eficazmente.

.../ 19. Bebo menos de tres tazas de café, de té o de Coca-Cola al día.

.../ 20. Todos los días me reservo un momento de tranquilidad.

Por debajo de 50: no estás estresado
Entre 70 y 95: eres vulnerable
Más de 95: eres muy frágil

Cuanto más estresados estamos, menos atención prestamos a nosotros mismos. El estrés crea un ruptura del diálogo con nosotros mismos. La persona que lo padece se vuelve incapaz de percibir los signos que le transmite su organismo. Más allá de los grandes momentos estresantes de la vida —defunción, divorcio, despido, problemas de dinero, etc.-, no hay motivo alguno para dejarse contaminar por una sobredosis arbitraria de estrés. Entonces, para que el mal estrés deje de emponzoñarnos, basta con que actuemos sobre los elementos que lo hacen nefasto.

La situación conlleva una presión psíquica:
Deshazte de la presión inútil. Aprende a relativizar y a restarle importancia a las dificultades. Explora tus miedos y activa tus protecciones.

Lo peor de lo peor que puede sucederme es (indica aquí tu sentimiento):

....
....
....
....
....
....

Puedo protegerme haciendo... (describe aquí este modo de protección):

....
....
....
....
....

Imagina la diferencia de energía que hace falta para mantenerse en pie en una habitación y para hacerlo al borde de un acantilado. En un caso, la tensión es casi nula: el centro de gravedad y la fuerza de atracción terrestre son suficientes. En el otro, el miedo te crispa, el vacío te aspira, tienes que permanecer en estado de alerta y utilizar todos tus músculos para resistir. Sucede lo mismo en términos psicológicos: a veces, cuando damos demasiada importancia a los acontecimientos, nos colocamos a nosotros mismos al borde del acantilado. Para evitar situarte en un escenario de fracaso, procura tener siempre una solución alternativa.

¿Es realmente tan importante?

. . . .

¿Cómo puedo relativizar?

. . . .

¿Cuál es mi plan B?

. . . .

Aprender a restar importancia, para dar a continuación su justa importancia a los elementos de nuestra vida, es una tarea que debe llevarse a cabo a cada instante.

Los únicos buenos desafíos son los que nos fijamos de forma consciente, al margen de cualquier influencia y con realismo. (cf. más adelante: las cinco claves de un objetivo realizable)

Tu forma de reaccionar es inadecuada

Cuando las cosas no salen como lo desean, los seres humanos tienden naturalmente a repetir la misma cosa. Atrapados por su necesidad de coherencia, se comportan como las moscas que vuelven a golpearse una y otra vez contra un mismo cristal, sin percatarse de que otra ventana está abierta. Por este motivo, uno de los principios básicos de la programación neurolingüística es el siguiente: **cuando lo que haces no funciona, haz otra cosa.**

No puedes no tener resultado. Lo importante es obtener el resultado que deseas. Inténtalo de otra manera, hasta conseguirlo.

¿Cómo podrías reaccionar de otra forma? En este caso, ofrécete al menos tres nuevos comportamientos y si no encuentras la manera, acude a tus amigos para que te propongan otros modos de actuar.

 El arte de amargarse la vida de Paul Watzlawick, Herder.

La acción está inhibida por la impotencia adquirida

Las situaciones en las que se manifiesta la impotencia adquirida constituyen los casos más graves. Agotada y desanimada, la persona renuncia a luchar, a comprender e incluso a huir. Cuando alguien llega a este extremo es porque, en su entorno personal o profesional, hay un manipulador o una manipuladora que lo acosa con malas artes y lo arrastra a su perdición. A veces, todo el sistema de gestión de una empresa se basa en el acoso. A menos que uno mismo sea un perverso, es imposible hacer carrera en una empresa perversa. Si estás en un estado de impotencia adquirida, pide ayuda. Se trata de una urgencia vital. Acude a alguien que te ayude a recobrar la energía para huir.

Todas las víctimas de acoso que he recibido en mi consulta han pronunciado, en un momento dado, esta frase: «Me estaba dejando el pellejo en esto».

«No hay problema tan grande como para que no puedas huir de él.»

Richard Bach en *Ilusiones*, Ediciones B

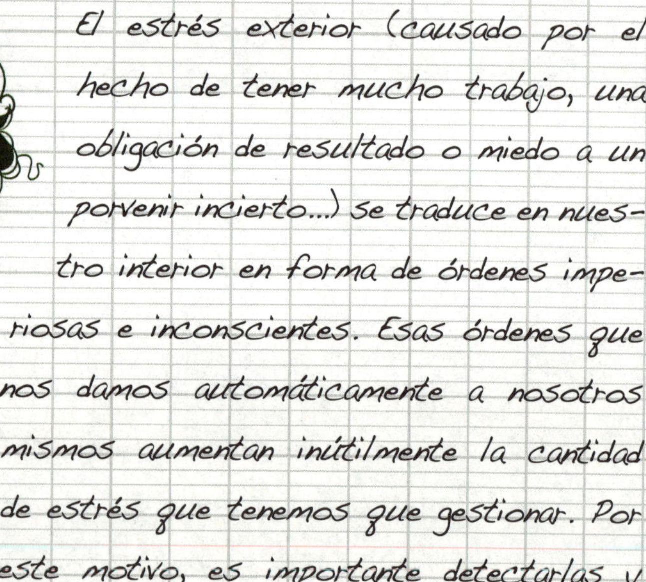

El estrés exterior (causado por el hecho de tener mucho trabajo, una obligación de resultado o miedo a un porvenir incierto...) se traduce en nuestro interior en forma de órdenes imperiosas e inconscientes. Esas órdenes que nos damos automáticamente a nosotros mismos aumentan inútilmente la cantidad de estrés que tenemos que gestionar. Por este motivo, es importante detectarlas y desactivarlas.

LECCIÓN 3:
Los cinco «estresadores»

1. ¡Sé perfecto!

Características: la persona que está bajo el dominio del «sé perfecto» va más allá de la sana búsqueda de la excelencia y cae en un perfeccionismo enfermizo. Al no estar nunca satisfecha con sus resultados, es muy crítica consigo misma. Pierde mucho tiempo y energía en perfilar detalles, por lo que disminuye su productividad. Vive los errores, incluso mínimos, como un fracaso sin paliativos.

¡Prohibido equivocarse!

Antídoto: es normal ser uno mismo. Los errores forman parte de la vida de los humanos y son oportunidades de aprendizaje. Concédete el derecho a un 10% de errores para ponerte a resguardo del perfeccionismo. Valida tus éxitos y tus progresos sin el «sí, pero...».

Ya eres perfecto en tu imperfección, como una obra de arte, ¡porque eres único en el mundo!

17

Aprende a diferenciar entre excelencia y perfección, ¡y luego aspira a la excelencia!

Leyendo estas líneas, me doy cuenta de que ....
....
....
....

Entonces, tomo la decisión de ....
....
....
....
....

2. ¡Sé fuerte!

Características: la persona que está bajo el dominio del «sé fuerte» no atiende a sus necesidades ni a sus emociones. Piensa que no hay que escucharse en la vida y que hay que aguantar, cueste lo que cueste. Se siente culpable si se muestra débil. Considera que es meritorio superar los propios límites y que hay que estar orgulloso de tener más aguante que el promedio de la gente. El agotamiento la acecha.

¡Prohibido desfallecer!

Antídoto: es normal tener emociones, dudas y necesidades. Todos los seres humanos son vulnerables. Ocultarlo o negarlo no sirve de nada y, a largo plazo, se paga con somatizaciones o depresiones. Es normal estar a la escucha de nosotros mismos y satisfacer nuestras necesidades. No hay mérito alguno en exigirse demasiado o en jugar a ser un supermán o una superwoman.

Leyendo estas líneas, me doy cuenta de que ....

....

....

....

Entonces, tomo la decisión de ....

....

....

....

Lectura recomendada: Émotions, mode d'emploi de Christel Petitcollin, Jouvence.

3. ¡Esfuérzate!

Características: la persona que está bajo el dominio del «esfuérzate» cree que hay que esforzarse mucho en algo para tener un poco de éxito. Solo las cosas difíciles saben a victoria. La facilidad queda excluida. Trabaja mucho, se obstina en revisar diez veces el mismo texto antes de darlo por lo sabido, copia páginas enteras en lugar de contentarse con leerlas o resumirlas. Tiene mala conciencia si hace un trabajo «deprisa y corriendo». Las personas que parecen conseguir las cosas con facilidad y sin esfuerzo la exasperan. Es algo que percibe como una injusticia.

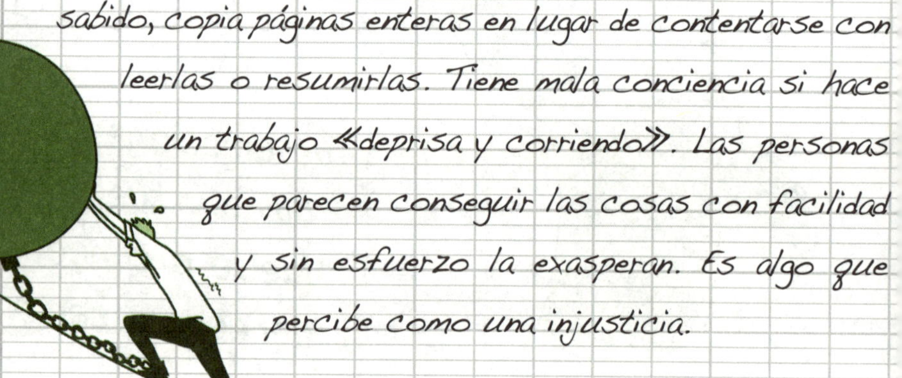

Antídoto: las cosas pueden acontecer de forma sencilla y agradable. Es normal lograr un éxito con facilidad. Confía más en tu inteligencia, en tus capacidades y en tu memoria. Establece un orden de prioridades para dejar a un lado los detalles inútiles. Tan solo cuenta el resultado. Concédete de nuevo el derecho a tomarte las cosas con calma.

Leyendo estas líneas, me doy cuenta de que ....

....

....

....

Entonces, tomo la decisión de ....

....

....

....

4. ¡Complace a los demás!

Características: la persona que está bajo el dominio del «complace a los demás» tiene miedo a no gustar, a ser rechazada o abandonada. Los deseos y las necesidades de los demás son más importantes que los suyos propios. No sabe decir «no», no se atreve a oponerse y trata de adivinar lo que se espera de ella. Siempre teme estar haciendo algo mal, causar pesar a su entorno o herirlo. Necesita que lo animen y lo tranquilicen constantemente.

¡Prohibido escuchar tus propios deseos!

Antídoto: no se puede gustar a todos. Es normal pensar también en nosotros mismos y vivir según nuestros propios valores y no los de los demás, escuchar nuestras necesidades y nuestros deseos. La generosidad tiene sus límites. No consientas que los demás abusen de tu amabilidad, no te querrán más por ello.

Los problemas empiezan cuando la necesidad de ser aceptado es más fuerte que la necesidad de ser respetado.

Concédete de nuevo el derecho a decir «no» a los demás, o lo que es lo mismo, a decirte «sí» a ti mismo.

Leyendo estas líneas, me doy cuenta de que ....

....

....

....

Entonces, tomo la decisión de ....

....

....

....

Lectura recomendada: Afirmarse y atreverse a decir no, de Christel Petitcollin, Lumen.

5. ¡Date prisa!

Características: la persona bajo el dominio del «date prisa» es de naturaleza impaciente. Odia perder el tiempo y llegar tarde a los sitios. Siempre está corriendo, con miedo a perder el autobús, a no terminar a tiempo, y se apresura haciendo las cosas, aun a riesgo de no tomarse el tiempo necesario para reflexionar, leer las consignas o establecer un plan de trabajo. A menudo la precipitación le hace cometer errores y, por consiguiente, perder ese precioso tiempo que quería ganar, porque tiene que volver a empezar desde el principio.

¡Prohibido tomarte tu tiempo!

Antídoto: es normal perder el tiempo imprescindible para hacer las cosas. Ten siempre a mano un reloj para controlar el tiempo de que dispones. Establece un reparto horario de tus tareas, con márgenes de tiempo lo bastante amplios para poder realizar cada cosa. Añade un margen pensado especialmente para los eternos imprevistos.

23

«Si es urgente, es que ya es demasiado tarde.»

Talleyrand

La presión de las urgencias puede ser a menudo administrada. Concédete de nuevo el derecho a tomarte el tiempo de reflexionar.

Leyendo estas líneas, me doy cuenta de que ....

....

....

....

....

....

Entonces, tomo la decisión de ....

....

....

....

....

....

Tu conclusión: ....

....

....

....

....

....

LECCIÓN 4:
Las cinco claves de un objetivo realizable

Como ya lo indicaba en la introducción, rara vez nuestros compromisos se mantienen a largo plazo. Así sucede, por ejemplo, con los buenos propósitos que formulamos el 31 de diciembre. Determinados, motivados, nos prometemos que este año... De hecho, ¿cuáles eran los buenos propósitos del último cotillón? Pues sí, hay que rendirse a la evidencia: a menudo los buenos propósitos se olvidan incluso antes de haber sido realizados. ¿Cuántos de tus deseos, proyectos o, peor aún, sueños han acabado cayendo en el olvido? Es inútil culpabilizarte: si no has realizado tus proyectos, es porque no conocías el método que permite crear objetivos llamados a tener un éxito infalible. A partir de un vago proyecto, un deseo o un sueño, este método te permite descifrar, expurgar y esculpir tus ideas hasta darles tanta precisión y tanta potencia que ya nada se te escapará de las manos.

1. Formula tu objetivo de manera positiva y precisa

Tu objetivo debe expresarse únicamente en términos positivos, ya que el cerebro no puede tener representaciones negativas. Un objetivo negativo no conduce a nada. Decir lo que ya no

quieres no te ayuda a saber lo que quieres. ¿Hacia quién o hacia qué te vas a dirigir? Por otra parte, sé preciso. ¿Qué significa «involucrarse en una carrera satisfactoria» o «recurrir a una actividad física tonificante»? En pocas palabras, pregúntate: «¿Qué es lo que quiero concretamente?».

Por lo tanto, la primera pregunta que debes plantearte es:

«¿Qué es lo que quiero concreta y precisamente?»

Si tu respuesta se formula negativamente (por ejemplo: ya no quiero ser tímido), expresas tu problema y no el objetivo buscado. En ese caso, vuelve a plantearte la pregunta hasta obtener una formulación positiva y precisa. (¿Cómo es la vida cuando no se es tímido?)

Los objetivos demasiado vagos permanecen inaccesibles. Sé lo más preciso posible.

Preguntas que debes plantearte:

¿Qué quieres exactamente?

....

....

¿Qué quieres en lugar de «no...» o «ya no...»?

....

....

¿Cómo serías si no fueras...?

....

....

¿Cuál es la solución, o cuáles son las soluciones?

....

....

¿Qué son la felicidad, el respeto, la consideración, la ternura...?

....

....

....

¿Cómo sabemos si somos ricos, felices, nos sentimos realizados...?

....

....

....

2. Dale a tu objetivo un contexto de aplicación muy tangible

Una vez más, se trata de afinar tu pensamiento. Por ejemplo, ¿en qué nivel de fortuna se sitúa el «ser rico»? ¿O alcanzando qué peso se puede considerar que la dieta ha sido un éxito? Definir un contexto preciso permite que tu objetivo sea a su vez lo más concreto posible; en cambio, un objetivo vago te dejará en la inconcreción.

Las preguntas que debes **plantearte** constantemente son:

¿Dónde?

. . . .

¿Cuándo?

. . . .

¿Cuánto?

. . . .

¿Con quién?

. . . .

¿Quieres esto o no lo quieres?

. . . .

El «Q.Q.D.C.C.C» (¿Quién? ¿Qué? ¿Dónde? ¿Cuándo?
¿Cómo? ¿Cuánto?) es la serie de preguntas a la que deben
responder los investigadores de la policía.

Fácticas y no subjetivas, estas preguntas permiten trasladar
nuestros sueños a la realidad.

El «cuándo» es indispensable para la realización de los
objetivos, ya que evita dejar para mañana cada vez el momento
de empezar. Funciona como un cronómetro de cuenta atrás
y permite que los elementos vayan colocándose progresiva-
mente en su sitio hasta su plena realización.

3. Precisa tu objetivo en términos sensoriales

Se trata de vivir con los cinco sentidos la realización del objetivo.
Es una etapa importante, ya que te asociará a la experiencia
exitosa.

El placer anticipado que te procurará esta etapa
reforzará tu motivación.

Asimismo, vas a poder comprobar y precisar el realismo de tu objetivo.

Finalmente, tu objetivo será medible y verificable de forma
concreta gracias a estos criterios objetivos de evaluación.

Imagina el momento en que el objetivo se habrá hecho realidad. Ponte en situación de ver, oír (lo que dices al respecto, lo que dicen los demás, lo que te dices a ti mismo) y de experimentar, tanto en el plano sensorial como en el emocional, los efectos del objetivo logrado.

Preguntas que debes plantearte:

¿Cómo sabrás que has alcanzado el objetivo?

....

¿Cómo lo sabrán los demás?

....

¿Qué verás, qué oirás, qué dirás, que sentirás en ese momento?

....

Esta etapa permite asimismo poner en funcionamiento la ley de la atracción.

Me he dado cuenta de que, en Francia, los deportistas tienen a menudo «el síndrome del 4»: les ha faltado poco para estar en el podio. Sin embargo, hay que atreverse a visualizar larga y alegremente ese podio para tener una posibilidad de subirse a él. Pero a menudo, en un momento dado, el miedo a la decepción por el fracaso le gana la partida al deseo de ganar. Los deportistas aquejados del «síndrome del 4» son los que han preferido cuidar su miedo a la decepción y han descuidado su deseo de tener éxito.

4. Verifica que el objetivo depende de ti

Tienes que mantener el control del objetivo que te has fijado, de principio a fin. Un objetivo que depende de la buena voluntad de los demás no es realizable. Es importante que tu objetivo dependa tan solo de ti, que seas tú quien lo decida y lo lleve a cabo. Solo podemos plantearnos como objetivo aquello que es de nuestra exclusiva responsabilidad. Concéntrate en aquello que está en tu poder y renuncia a lo demás. Es asimismo útil que verifiques en esta etapa de qué recursos dispones y cuáles son los que tendrás que adquirir.

Preguntas que debes plantearte:

¿De qué y de quién depende la obtención de lo que quieres?

. . . .

¿Qué necesitas para alcanzar tu objetivo?

. . . .

¿De qué recursos personales dispones y cuáles son los que tendrás que adquirir?

. . . .

¿De qué recursos dispones en tu entorno (personas, cosas...)?

. . . .

¿Qué harás?

. . . .

PASIVO	HIPERCONTROL
PODER	IMPOTENCIA
Responsabilidad	Frustración y culpabilidad
ACTIVO	RENUNCIA

Sorprendentemente, nuestra educación nos ha enseñado a ser pasivos cuando tenemos el poder y a ser hipercontroladores cuando no lo tenemos. ¡Lo cual es una fuente considerable de estrés! Así, un profesor dedicará a menudo más energía al control de los deberes en casa que a la adquisición de las nociones impartidas durante la clase. Asimismo, una madre de familia es educada para que vele por el bienestar de los suyos y para que olvide cuidar de sí misma.

Aprende a diferenciar entre aquello sobre lo cual tienes poder y aquello sobre lo cual no lo tienes:

➚ el poder se acompaña de un sentimiento de responsabilidad, de fuerza y de energía.

➚ la impotencia genera sentimientos de frus-tración y culpabilidad. Te sentirás culpable cada vez que te hagas responsable de cosas sobre las que no tienes ningún poder.

Vuelve a centrar tus energías en lo que recae bajo tu poder de acción.

Para soltar lastre más fácilmente, aplica este principio budista:

«O bien un problema tiene solución y lo resolvemos, o bien el problema no tiene solución, en cuyo caso no es un problema.»

También puedes aplicar este principio:

5.   Respeta la ecología de tu vida

Si el precio que hay que pagar para alcanzar este objetivo no está claramente fijado y aceptado, te encontrarás con que, o bien sabotearás el objetivo, o bien generarás nuevas dificultades en tu vida. Por este motivo, sin duda, ¡hay proyectos que más valdría no haber realizado! Por otra parte, ejerce de abogado del diablo: ¿acaso no hay más ventajas en no hacer nada?

Las consecuencias del cambio aportado por el objetivo pueden ser negativas y resulta útil pensar en ello de antemano. Por descontado, ¡está fuera de lugar que la realización del objetivo acabe provocando una marea negra en tu vida! Este objetivo debe insertarse de forma armoniosa en tu universo.

Debes tener en cuenta tanto la ecología interna como la externa. Un objetivo es externamente ecológico si respeta el sistema familiar, profesional y social en el cual vive la persona. **La ecología interna** atañe a los criterios, valores, creencias y sentimientos de la propia persona.

Atención: un objetivo puede ser ecológico para ti, pero no para tu entorno, y a la inversa. En ese caso, puede provocar grandes cambios que más vale anticipar. Tu objetivo será realmente ecológico cuando las consecuencias sean positivas y beneficiosas tanto para ti como para tu entorno. Si esto se verifica, la motivación para realizar el objetivo se verá reforzada.

Preguntas que debes plantearte:

¿Qué sucederá cuando hayas alcanzado tu objetivo?

. . . .

¿Qué podría suceder en los demás ámbitos de tu vida?

. . . .

¿Hay que pagar algún precio para alcanzar este objetivo?

. . . .

¿Este objetivo es coherente con tu proyecto de vida?

. . . .

Se trata, a fin de cuentas, de fijar el precio que hay que pagar para alcanzar nuestro objetivo y aceptarlo con conocimiento de causa. Cada una de nuestras elecciones tiene un precio. Cada vez que refunfuñamos, estamos conectados al precio. Algunas de nuestras elecciones (o no elecciones) actuales tienen un precio oculto muy elevado. Cuando permanecemos conectados a nuestras elecciones y aceptamos su precio, volvemos a ser los pilotos de nuestras vidas.

Esta forma de proceder para fijarse objetivos es muy dinamizadora y garantizará el éxito de tus proyectos. Ya sean microobjetivos o proyectos a largo plazo, el método es el mismo e igualmente eficaz.

¡Ahora te toca a ti!

Qué quiero ....

....

....

....

....

....

....

....

Cuándo, dónde y con quién ....

....

....

....

....

....

....

He aquí la visualización creadora que hago de mi elección.
Mis imágenes o mi película:

....

....

....

....

Mis afirmaciones y mi banda sonora:

....

....

....

....

Mis sensaciones:

....

....

....

....

Lo he comprobado: nadie más aparte de mí tiene el poder de hacer fracasar este objetivo.

El precio que hay que pagar para alcanzar este objetivo es ....

....

....

....

....

....

....

.... y lo acepto plenamente.

LECCIÓN 5: la motivación

Exceptuando a los aprovechados (en general, se trata de manipuladores), para mí no existe gente perezosa. Tan solo me he encontrado con personas cansadas, incluso agotadas, desanimadas, desmotivadas o que no saben por dónde empezar a abordar el problema.

Si no consigues hacer algo:

1. Te falta motivación

Tienes que conectar mejor tu objetivo con tus valores y proyectos vitales y redescubrir el placer de ser el piloto de tu vida.

¿Por qué quieres hacer esto?

Destierra el lenguaje del pasajero: hay que, tengo que, estoy obligado... Responde únicamente con el lenguaje del piloto: quiero, decido, elijo, me apetece...

-

-

-

-

Siempre tenemos elección; basta con aceptar pagar su precio!

2. Estás mal posicionado en tu visualización del objetivo

Probablemente te ves a ti mismo justo antes de empezar, es decir, al pie de la montaña que has de escalar. Modifica tu percepción de la tarea a lo largo del tiempo. Imagínate a ti mismo solo diez minutos después de haber terminado. Saborea ese instante. Vuelve a pensar en él mientras trabajas. ¿Qué harás de placentero y agradable cuando hayas terminado?

3. Te tomas tu tarea de una manera demasiado global

Quieres hacer demasiadas cosas y, por este motivo, no sabes por dónde empezar. Divide tu objetivo en varias operaciones que deberás acometer por separado (cf. más arriba).

El primer paso que debo hacer es:

....
....
....
....
....
....

1. ¿Eres monovalente o polivalente?

¿Eres de los que tienden la colada mientras se calienta el agua de los fideos?

→ Si has respondido:

«¡De ninguna manera!
¡Cualquiera se pone ahora con las cazuelas!»

entonces tu cerebro es monovalente.

El cerebro monovalente efectúa las acciones una tras otra y no empieza una nueva tarea antes de haber termi- **41**

nado la anterior. Funcionar con un cerebro monovalente nos permite centrarnos en lo que estamos haciendo y aumenta nuestra concentración. Asimismo, nos permite terminar las tareas y, por lo tanto, medir los progresos del trabajo. Es muy motivador. El inconveniente es que, cuando una tarea se bloquea, se bloquean todas las demás, y esta forma de trabajar puede producirnos una sensación de monotonía. En la modalidad cerebro monovalente, lo que importa es el tamaño de los ficheros, no su cantidad. Un cerebro monovalente tenderá a despachar muy rápido los pequeños ficheros para después dedicarse a fondo a los más importantes. Cuando dos o tres pequeños ficheros se añaden al trabajo en curso, los experimentamos como ficheros... que van a parar a la pila junto con los demás.

Si has respondido:

entonces tu cerebro es polivalente.

El cerebro polivalente efectúa varias acciones de forma simultánea. Esto permite ganar tiempo al ir alternando cronológicamente las acciones. Se pueden dejar tareas pendientes mientras se trabaja en otras cosas. El cerebro polivalente rinde mucho cuando se tiene una disciplina y una organización impecables, pero también puede hacer que nos dispersemos y que olvidemos lo que estamos haciendo. El cerebro polivalente no siempre nos permite medir el trabajo realizado: incluso si todas las tareas han avanzado mucho, a menudo sucede que ninguna esté terminada. En la modalidad cerebro polivalente, lo que importa es la cantidad de ficheros, no su tamaño. Cuando dos o tres pequeños ficheros se añaden al trabajo en curso, los experimentamos como ficheros... que sobran.

Truco: la mayoría de las mujeres son polivalentes, y la mayoría de los hombres son monovalentes, dado que, para una mujer, lo que importa es la cantidad de tareas pendientes, y para un hombre, su importancia. ¡Basta con dejar que el hombre se ocupe de numerosos pequeños ficheros para que los dos se sientan plenamente satisfechos!

La organización ideal es polivalente en la fase de preparación y monovalente en la de ejecución.

43

Desde inicios de la era industrial, para aumentar la productividad en las fábricas se estudia la rentabilidad del movimiento. Los resultados obtenidos son muy útiles y conviene asimilarlos bien:

↗ **Reunir siempre todo el material necesario (o todos los documentos precisos) antes de empezar**

¡No hay que esperar a tener las manos llenas de aceite o harina para pensar en sacar la batidora del armario! ¡Tampoco esperemos a tener que sujetar tres tablones de madera a la vez para empezar a hurgar en la caja de las herramientas en busca del destornillador!

↗ **Hacer las cosas en el orden cronológico razonable**

El polvo antes de la aspiradora, el lijado antes del barnizado, el esquema antes de la redacción...

➚ **Instalarnos de modo que limitemos las idas y venidas y el número de pasos**

Si tu tarea debe efectuarse desplazándote, tienes que estudiar y ritualizar tu circuito. Por ejemplo, para quitar el polvo de la habitación, toma la resolución de empezar por la izquierda (o la derecha) y dar la vuelta a la habitación en el sentido de las agujas del reloj, en lugar de pasar aleatoriamente el plumero de un mueble a otro.

➚ **Hacer todas las tareas iguales al mismo tiempo**

Es lo que se denomina la taylorización: eso multiplica la eficacia de tu acción, ya que tu gesto se automatiza.

Por ejemplo, cuando limpias la casa, más vale quitar antes el polvo, pasar luego la aspiradora, limpiar las superficies y, finalmente, lavar el suelo de todas las habitaciones, en lugar de proceder habitación por habitación.

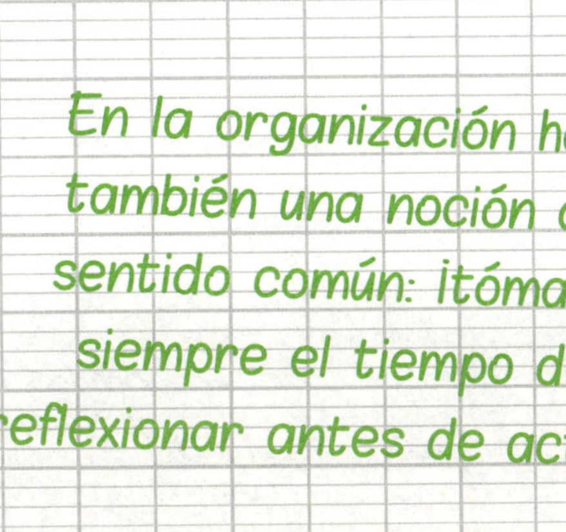

En la organización hay también una noción de sentido común: ¡tómate siempre el tiempo de reflexionar antes de actuar!

45

3. Plan de organización personal

Haz una lista de todas las tareas pendientes. El objetivo es despejarte la mente, asegurándote al mismo tiempo de que no te dejarás ninguna:

-
-
-
-
-
-
-
-
-
-
-

Truco: recorre la casa habitación por habitación, armario por armario, para hacer una lista exhaustiva de tareas.

Sobre todo, ¡no olvides las que empiezan por «Me gustaría que algún día...»!

Largo plazo	Medio plazo	Corto plazo

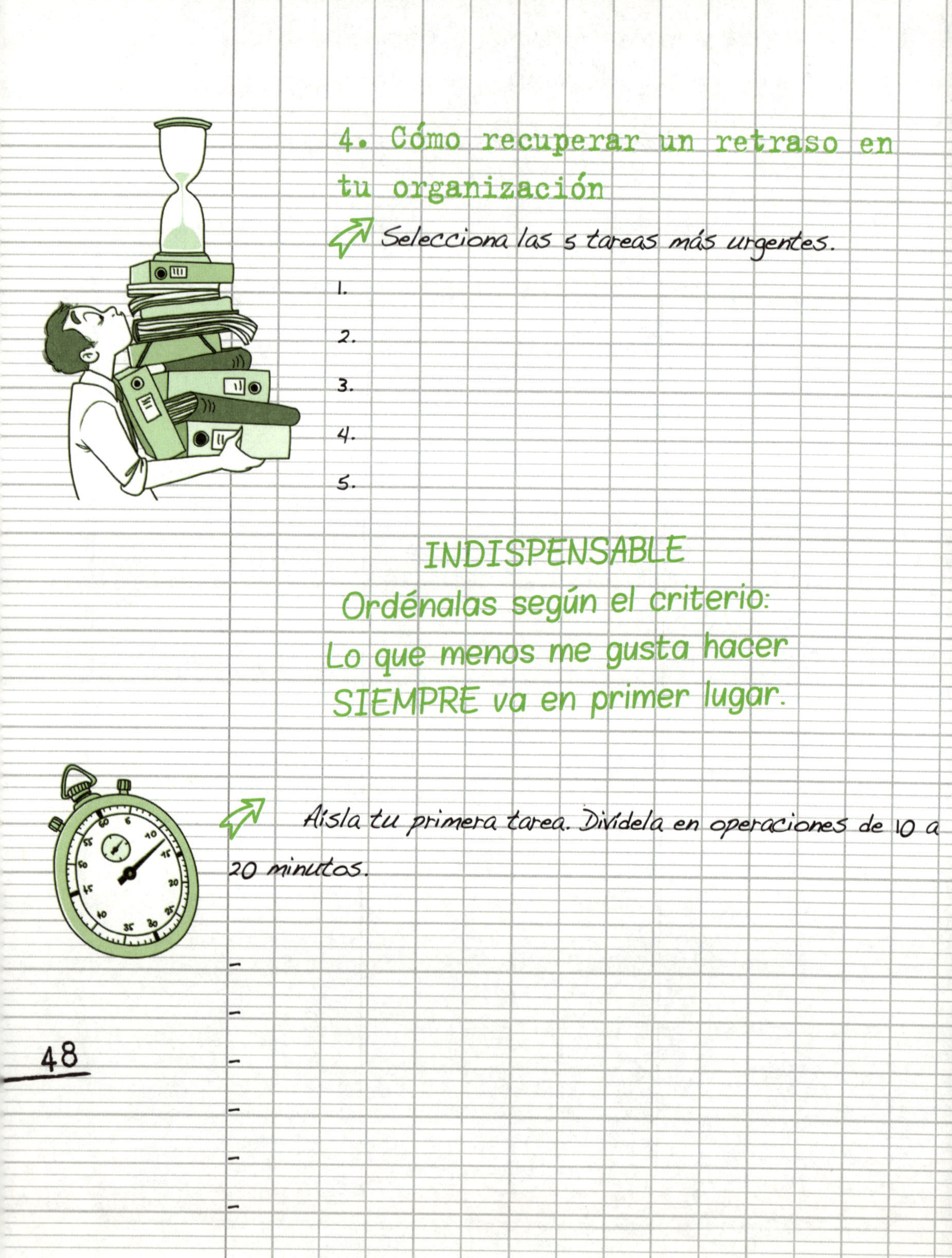

4. Cómo recuperar un retraso en tu organización

Selecciona las 5 tareas más urgentes.

1.

2.

3.

4.

5.

INDISPENSABLE

Ordénalas según el criterio:

Lo que menos me gusta hacer
SIEMPRE va en primer lugar.

Aísla tu primera tarea. Divídela en operaciones de 10 a 20 minutos.

↗ Concéntrate en la primera operación.

Mantén a la vista un despertador o un reloj para respetar el tiempo asignado.

**INELUDIBLE:
acabar siempre una tarea
antes de empezar la siguiente.**

↗ Haz una pequeña pausa cada 3 o 4 operaciones, o cada hora.

Camina un poco, estírate, piensa en beber y en respirar profundamente.

**PRIMORDIAL:
tacha con voluptuosidad
las tareas realizadas y guarda
durante bastante tiempo la lista
totalmente tachada.**

↗ Concédete verdaderos momentos de relajación y días libres.

Procura no trabajar hasta la náusea. La relajación es indispensable para que el cerebro descanse. Concédete como mínimo una hora completa de auténtico descanso o relajación al día.

5. Caso particular de las revisiones antes de un examen

↗ Haz el recuento del número de materias y del número de capítulos o fichas que debes revisar.

↗ Cuenta el número de días de los que dispones antes de la prueba.

↗ Cuanto antes empieces, más cómodo será tu plan de revisiones.

↗ Si es posible, resérvate al menos un día de descanso a la semana; si no, como mínimo, medio día.

Divide el número total de capítulos por el número de días que te quedan tras restar los días de descanso.

Cambia de materia cada día. ¡Siempre la menos querida en primer lugar!

Cinco fichas al día como máximo para una memorización óptima.

LECCIÓN 7: la limpieza

> Oh la la, la vida en rosa
> El rosa que nos propone
> Tener cantidad de cosas
> Que nos hacen desear otras cosas
> ¡Ay!, nos hacen creer
> Que la felicidad es tener
> Objetos a manos llenas
> Bobadas para bobos.
>
> Muchedumbre sentimental
> Tenemos sed de ideal
> Atraídos por las estrellas, las velas
> de las cosas no comerciales.
>
> *Muchedumbre sentimental ©*
> *de Alain Souchon*

Si no consigues organizarte, es que tu vida está abarrotada. Abarrotada de objetos, obligaciones, actividades, relaciones superficiales, falsas prioridades... Te propongo que hagas una gran limpieza y realices una criba pormenorizada. Es más sencillo hacer la limpieza en una estancia despejada que en una bombonera abarrotada de alfombras y chismes. Y es más fácil ordenar un armario que contenga únicamente la

ropa necesaria, u organizar una cocina en la que solo haya los utensilios que utilizamos realmente.

Un temible falso amigo: ¡siempre puede servir!

Revisa tu forma de funcionar en todos los ámbitos:

Primera clave: lo que no ha servido durante cinco años no tiene prácticamente ninguna posibilidad de volver a servir jamás.

Segunda clave: prioriza la calidad sobre la cantidad.

1. Tu guardarropa

Seguramente ya te has dado cuenta. Tienes cinco o seis conjuntos que llevas continuamente y armarios repletos de prendas compradas por impulso, imposibles de conjuntar con las demás y prácticamente olvidadas (en parte para huir del sentimiento de culpabilidad). Revisa todo tu guardarropa definiendo un estilo que te guste, eligiendo algunos elementos básicos de buena calidad y fácilmente combinables, y algunas prendas de fantasía para darle colorido a tu armario.

53

Privilegia las materias nobles. ¿Acaso no vale más tener tres o cuatro pares de zapatos elegantes, cómodos y duraderos que una veintena de pésima calidad? Ídem para los bolsos de mano, los abrigos, los impermeables... Hermosas prendas de calidad, seleccionadas con esmero, cortadas en materias nobles, colgadas en perchas de madera... ¡Qué armario tan elegante!

2. La ropa blanca

Extrañamente, a menudo tenemos piezas espléndidas que permanecen olvidadas en el fondo del armario y acabamos usando trapos viejos. ¿Acaso no te mereces toallas de baño espesas y mullidas, sábanas suaves y resistentes, paños de limpieza nuevos? ¿Necesitas tanta cantidad de ropa blanca en casa? Conserva solo los recambios necesarios. Haz hermosas pilas para alegrarte la vista.

3. La vajilla

Nuestras cocinas rebosan de piezas de vajilla desparejadas, de trastos que no utilizamos nunca y de condimentos caducados. ¡Por no hablar de las vajillas finas «para los invitados» que, por temor a que se rompan y se desparejen, acabamos condenando de por vida al fondo de la alacena! Vuelve a poner un poco de sentido común y espíritu práctico en todo esto.

Si la vajilla de la abuela te gusta, utilízala y sé tu propio invitado.

4. El mobiliario

Conforme la misma lógica, piensa en lo que sobra y estorba en las habitaciones. Opta por una decoración sobria y funcional. ¿Tu colección de latas, tazones o imanes es realmente necesaria? Opta asimismo por objetos de calidad. Un sofá, una mesa, una lámpara, elegantes y resistentes...

5. Los productos de belleza

Fíjate en la cantidad de cremas, geles de ducha, champús y muestras (la mayoría de las cuales no harán otra cosa que producirte sarpullidos) que se amontonan en tu cuarto de baño. Y tu neceser, un verdadero batiburrillo, ¿verdad?, que solo usas al 10%.

Tu piel se merece lo mejor: un solo producto, pero de calidad. Un gel de ducha, una crema de día, una mascarilla...

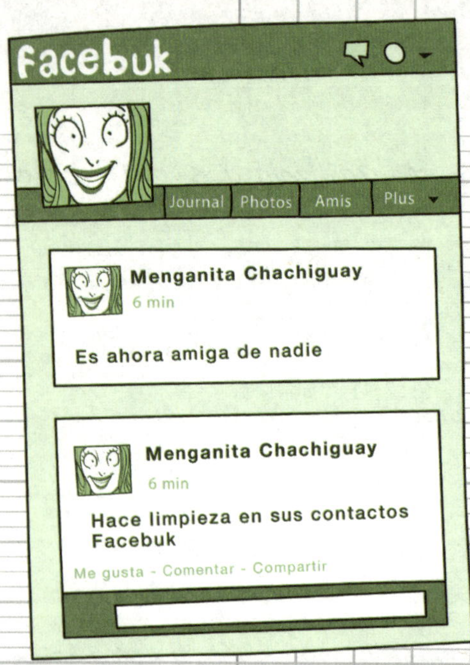

6. Las relaciones

Toma un poco de perspectiva y observa tus relaciones: en este caso también se impone una criba. ¿Qué sentido tiene pasar tiempo con personas con las que no compartes nada, que te minan la moral o, peor aún, te explotan sin ningún rubor?

Mis **íntimos** y mis personas sostén.

Mis **amigos**: aquellos con los que me relajo, con los que me río a gusto.

Mi **red**: mis relaciones útiles y enriquecedoras, profesional o culturalmente. Intercambio de favores y de información.

Mi **familia**: si resulta refrescante, visítala regularmente. Si es aburrida, ¡basta con que la veas un par de veces al año durante una breve comida!

Las **relaciones estériles**: hablamos del tiempo que hace, comentamos las noticias y nos despedimos sin habernos encontrado...

↗ **Las relaciones tóxicas:** *te utilizan, te critican, te denigran, te hacen dudar de todo, te desalientan y te deprimen: ¡no tienes más que rehuirlas!*

Prosigue con la lista de los ámbitos de tu vida en los que es importante que hagas una criba (biblioteca, baúl de los juguetes, joyas, herramientas, valores, prioridades...). En cuanto hayas liberado espacio en tu vida, podrás respirar. ¡Organizarte se convertirá en un juego de niños!

La desmaterialización de los soportes: una auténtica baza para ordenar eficazmente, a condición de que también seas metódico en la organización de tu nube.

Lectura recomendada (encarecidamente):

El arte de simplificar la vida, de Dominique Loreau, Books4pocket.

↗ Instálate confortablemente. (Elige más bien un sillón para no dormirte.)

↗ Puedes poner una música relajante de fondo, pero nada «ruidoso».

↗ Cierra los ojos.

↗ Centra tu atención auditiva en los ruidos exteriores.

↗ Concéntrate en tu cuerpo. Su postura, sus puntos de apoyo, su pesadez, etc.

A continuación, presta atención a tu respiración, al aspecto «masaje» del interior del cuerpo y a la relajación del plexo solar.

Deja que se instale en ti una sensación de calma, de paz, de bienestar.

Visualiza el paisaje interior que simboliza mejor este bienestar.

Crea sus imágenes, sus sonidos, sus sensaciones físicas…

Una vez instalado en tu paisaje, imagina que aspiras todo lo que tiene de positivo a cada inspiración y que lo difundes en tu interior a cada espiración.

Tómate tu tiempo para llenarte de toda la paz y la calma que contiene este paisaje.

Desde este paisaje interior, puedes visualizar las escenas positivas de tu futuro. Aprovecha este espacio de relajación para activar la visualización creadora de tus objetivos futuros.

También puedes elegir palabras con una connotación positiva para ti, pronunciarlas mentalmente al espirar e imaginarte que difundes sus virtudes un poco mágicas en todo tu ser. Por ejemplo, confianza, amor, felicidad, paz, concentración, memoria, etc.

Cuando tengas la sensación de haber evacuado todo el estrés y estar lleno de paz, calma y positividad, «despéjate» como si despertaras de una siesta. Muévete un poco, haz algunas inspiraciones profundas, bosteza, estírate como un gato y, cuando te sientas bien despierto, abre los ojos.

También puedes grabar estas consignas intercalando largos silencios y escuchar tranquilamente la grabación. Existen CD de relajación a la venta en tiendas.

Conclusión

Deja de temer el estrés. Si lo canalizas bien, ¡puede ser muy excitante!

Con el derecho de ser imperfecto, de tomarte tu tiempo, de tener límites, de simplificarte la vida, de ser un poco egoísta y, sobre todo, de huir a toda prisa de situaciones tóxicas, tu vida ya debería ser mucho más confortable. Si a esto le añades una buena organización, ya no te dejarás estresar por nada, salvo para experimentar el placer de ser productivo.

Si el contenido de este cuaderno no te ha permitido cambiar radicalmente tu forma de abordar los desafíos de tu vida cotidiana, comprueba tu ecología con un terapeuta: ¿tienes el derecho de cambiar, de crecer, de sentirte orgulloso de ti mismo, de ofrecerte una vida serena y cómoda?

Personalmente, me he estresado bastante para elaborar este cuaderno de ejercicios. Y ha sido una experiencia muy placentera. Te dejo que pases a la fase de recupe- ración, porque ahora ¡te toca a ti actuar!

CUADERNOS DE EJERCICIOS

Ver todos los títulos en

www.terapiasverdes.com

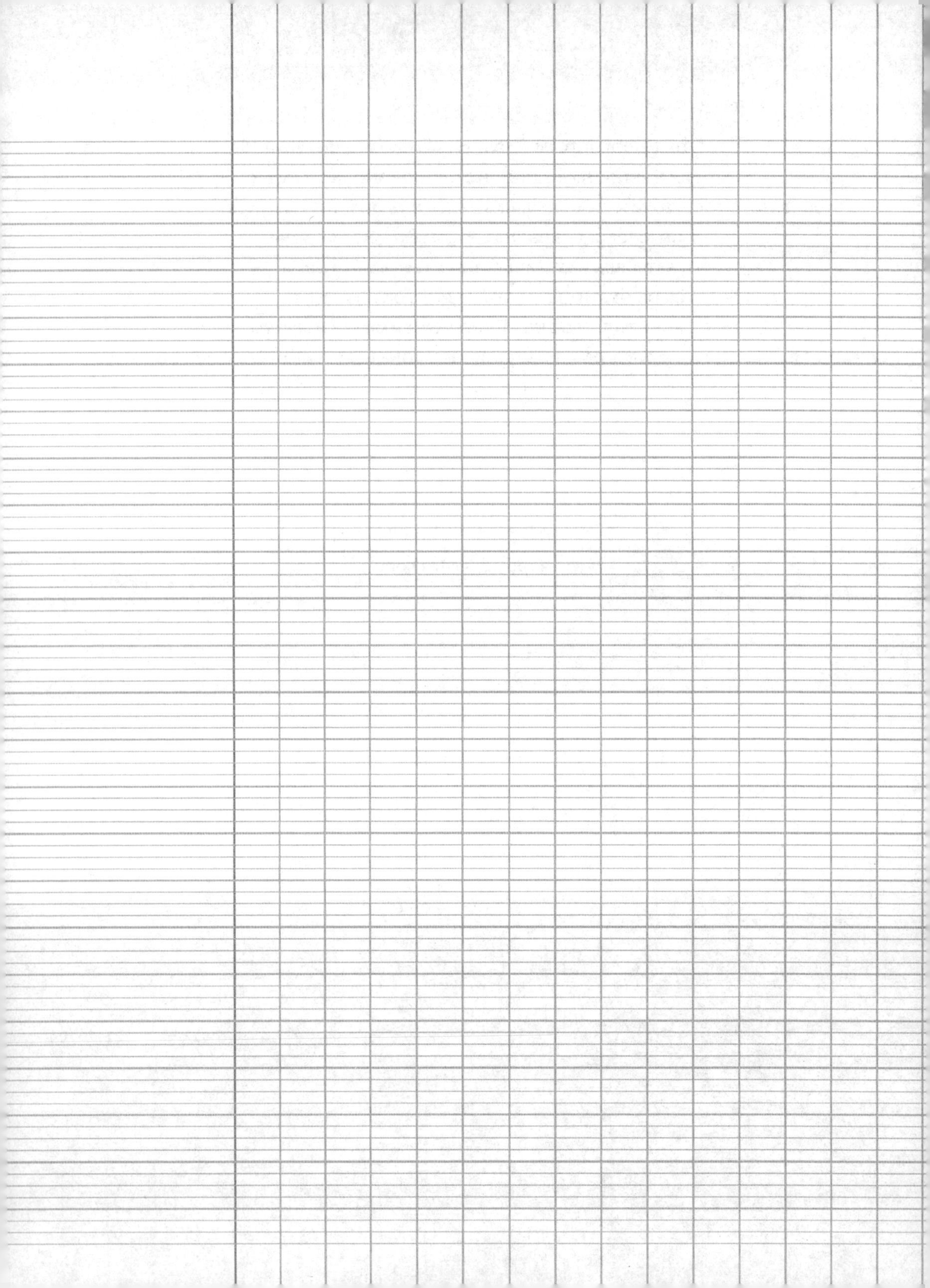